Gerichte der

Toskana

Entdecken und Genießen

Gerichte der Toskana

Entdecken und Genießen

PAMELA GWYTHER

Parragon

Bath • New York • Singapore • Hong Kong • Cologne • Delhi • Melbourne

Love Food ® is an imprint of Parragon Books Ltd

Fotos: Laurie Evans
Inhaltlich verantwortlich: Carol Tennant

Die deutsche Ausgabe erscheint bei
Parragon Books Ltd
Queen Street House
4 Queen Street
Bath BA1 1HE, UK

Übersetzung aus dem Englischen: Susanne Lück
Redaktion und Satz: lückenlos, Köln
Koordination: trans texas publishing, Köln

ISBN: 978-1-4075-1504-5
Printed in China

Hinweis

Sofern die Schale von Zitrusfrüchten benötigt wird, verwenden Sie unbedingt unbehandelte Früchte. Löffelmengen beziehen sich auf gestrichene Esslöffel (15 ml) oder Teelöffel (5 ml). Sofern nicht anders angegeben, wird Vollmilch (3,5% Fett) verwendet. Eier und Gemüse wie Kartoffeln sind grundsätzlich von mittlerer Größe, und mit Pfeffer ist frisch gemahlener schwarzer Pfeffer gemeint. Gerichte, die rohes oder sehr kurz gegartes Ei enthalten, sind für Kleinkinder, Schwangere, genesende oder durch Krankheit geschwächte Menschen nicht zum Verzehr geeignet. Zeitangaben sind als ungefähre Richtwerte zu verstehen.

Bildquellen

Folgende Bilder abgedruckt mit freundlicher Genehmigung von: Owaki – Kulla/Corbis (S. 6–11, Randfotos), Desgrieux/PhotoCuisine/Corbis (S. 30), Envision/Corbis (S. 39), Roulier/Turiot/photocuisine/Corbis (S. 46), Linda Lewis/PictureArts/Corbis (S. 52), Kevin Black/StockFood Creative/Getty (S. 53), Marianna Day Massey/ZUMA/Corbis (S. 60), J. Riou/photocuisine/Corbis (S. 73), Ed Young/Corbis (S. 74), Gregor Schuster/zefa/Corbis (S. 75), Photonica /Getty (S. 76) and Rita Maas/PictureArts/Corbis (S. 86).

Inhalt

Einführung

Jede Provinz Italiens profitiert mit ihren individuellen Merkmalen und kulturellen Besonderheiten von Klima, Topografie und Geschichte der Region. Italien hat von den heißen, trockenen Gegenden im Süden des Landes bis hinauf zu den kühlen Höhen am Fuß der Alpen in Norditalien einiges an geografischer Abwechslung zu bieten. Doch kein Landstrich kann sich einer so reichen Vielfalt an Klima, Kultur und Küche rühmen wie die Toskana.

Die Toskana

Ihre erste Blütezeit erlebte die Region, die wir heute als Toskana kennen, im 11. Jh. v. Chr., als dort die Zivilisation der Etrusker heimisch wurde. Unter dem Einfluss der Römer wurde sie dann als Tuscia bekannt. Dieses große Erbe konnte die Toskana im zweiten Jahrtausend n. Chr. zu einem nie übertroffenen Höhepunkt ausbauen. Michelangelo, Dante und Brunelleschi sind nur einige der weltberühmten Namen, deren geniale Träger unter der Schirmherrschaft solch mächtiger Dynastien wie der der Medici nichts weniger als eine künstlerische und literarische Revolution vollbrachten. Vor allem Florenz gilt noch heute als Symbol dieser prachtvollen Epoche, aber auch andere Städte, Siena, Pisa oder Lucca, gewannen während dieser fruchtbaren Zeit enorm an Einfluss. Im 19. Jh. begann die Toskana dann auch die „höhere" Gesellschaft des Auslands anzulocken. Vor allem britische Literaten wie Shelley, Byron oder später E. M. Forster und Virginia Woolf fanden hier ihre Inspiration, aber auch Goethe zog es bekanntlich sehr zu dieser einzigartigen Atmosphäre aus unübertroffener Hochkultur und heiterem Klima.

Toskanische Küche

Das gemäßigte Klima der Toskana sorgte im Verbund mit den fruchtbaren Böden und dem Meer für eine charakteristisch reichhaltige Regionalküche, die viel Fleisch und Wild anbietet. Das berühmteste Rindfleisch in ganz Italien stammt aus der Gegend um Arezzo, der viertgrößten Stadt der Toskana, die nordöstlich von Siena liegt. Und das tyrrhenische Meer beherbergt zahlreiche fangfrische Fischsorten für toskanische Eintöpfe oder geschmorte bzw. gebratene Meeresfrüchte.

Auch in den toskanischen Speisen hat sich der Lauf der Geschichte verewigt. Sienas berühmter Kuchen Panforte verdankt seinen Ursprung etwa den Gewürzen, die die Karawanen aus dem Orient im Mittelalter mit ins Land brachten. Tomaten wuchsen ursprünglich in Sizilien und verbreiteten sich im 19. Jh. durch Garibaldis Truppen in der Toskana. Auch in dieses Jahrhundert gehört die erste Einfuhr von Mais, der in Italien in Form des festen Maisgrießes Polenta allgegenwärtig ist.

Typische Zutaten

Olivenöl

Einige Produkte aus der Toskana sind zeitlos unübertroffen. Dort wird beispielsweise das beste Olivenöl in ganz Italien hergestellt – aromatisch, gehaltvoll und voller gesunder Inhaltsstoffe. Im Vergleich zu anderen Fetten hat es sehr wenig Cholesterin, und es enthält viel Vitamin E. Je geringer der Säuregehalt, desto besser das Öl – da bleibt Öl aus der Gegend um Lucca ungeschlagen, aber auch die anderen neun toskanischen Teilregionen haben jeweils ihre eigene hochqualitative Ölspezialität. Natives Olivenöl extra darf nicht mehr als 1 % Säure enthalten. Es eignet sich ideal für Salatdressings und zum Beträufeln von Grillfleisch und -fisch. Öle mit höherem Säuregehalt kommen am besten als Bratfett zum Einsatz.

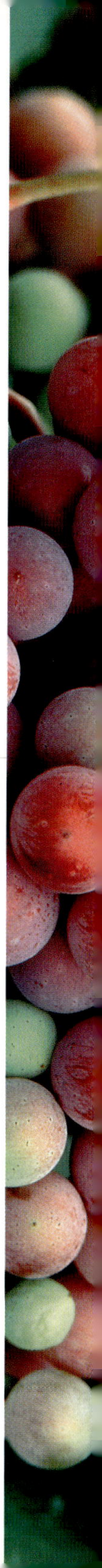

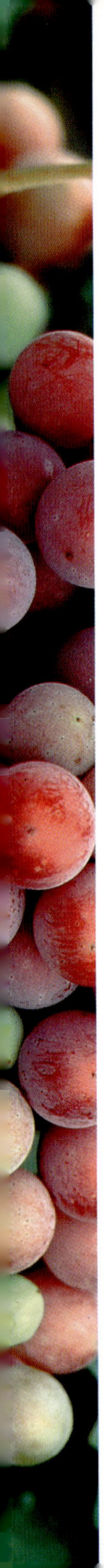

Die Olivenernte findet von Oktober bis Dezember statt. Dann sind die Bäume in den Olivenhainen in feine Netze gekleidet, welche die reifen Früchte auffangen, sobald die Bäume geschüttelt werden. Das beste Öl wird allerdings aus handgepflückten Oliven hergestellt – und so werden auch die Bäume geschont, denen nicht selten ein Leben von über 100 Jahren beschert ist. Die Oliven werden zweimal ausgepresst: Bei der ersten, kalten Pressung nur leicht, die zweite fällt dann gewaltsamer aus und findet bei erhöhter Temperatur statt. Das beste und teuerste Öl entsteht bei der ersten kalten Pressung.

Bohnen

Eine ebenso zeitlos verlockende toskanische Spezialität sind Bohnen. Es gibt zahlreiche Sorten (die älteste sind die Augenbohnen), die schon zu römischer Zeit angebaut wurden. Im 15. Jh., als sich Handelsbeziehungen zur eben entdeckten Neuen Welt anbahnten, wurden weiße Bohnen *(cannellini)* importiert. Sie vertrugen sich bestens mit dem fruchtbaren Boden und warmen Klima der Toskana. Außerdem sind Bohnen in zahlreichen Rotfärbungen beliebt. Bohnen sind reich an Protein und sehr nahrhaft, bleiben aber dennoch kostengünstig. Und sie schmecken immer mild – die ideale Ergänzung also zu den geschmacksintensiven toskanischen Gerichten.

Wurst und Schinken

Vor allem in getrockneter und geräucherter Form spielt Schweinefleisch für die toskanische Küche eine große Rolle. Der Prosciutto (was schlicht „getrocknet“ bedeutet) ist sehr dünn geschnittener, luftgetrockneter Schinken, der herrlich zu Gemüse und frischem italienischen Weißbrot mit Olivenöl schmeckt. Auch die Salami („gesalzen“) wird luftgetrocknet. Die weltberühmte Wurst besteht aus zerkleinertem Schweinefleisch, das mit Gewürzen, Kräutern und Salz angereichert wird. Prosciutto und Salami sollten vor dem Verzehr mindestens sechs Monate getrocknet worden sein. Pancetta ist eine Schinkensorte aus Bauchfleisch vom Schwein.

Das Wunder der Einfachheit

Die toskanischen Küchengeheimnisse werden von den Köchen der zahlreichen familiengeführten Restaurantbetriebe seit vielen Generationen bewahrt und weitergegeben. Ihnen steht eine solche Auswahl hervorragender regionaler Zutaten zur Verfügung, dass sich mit der Zeit ein besonderer Stil entwickelt hat, der auf großer Einfachheit basiert: Nur die frischsten saisonalen Zutaten von allerhöchster Qualität werden verwendet, deren natürliche Vollkommenheit kaum durch schmückendes Beiwerk verborgen werden muss. Alles kommt auf die kräftigen, natürlichen Aromen an, die nicht in Sahne- oder Buttersaucen untergehen und als Beilage meist nur frisches Brot benötigen. Auch die Zubereitungsmethoden sind einfach. Fleisch und Geflügel werden üblicherweise schlicht gegrillt (vorzugsweise über offenem Holzfeuer). Das Gemüse wird getrennt gereicht, oft dient es aber auch selbst als volle Mahlzeit.

Die wichtigste Beilage ist das nach traditionellen Rezepten selbst gebackene Brot, dem meist auch kein Salz zugesetzt wird. Für Neulinge der Brotbackkunst kann so ein toskanisches *pane sciocco* eine gewisse Herausforderung darstellen. Es ist durch und durch ungewürzt, aber so werden eben die Aromen des Hauptgerichts von nichts überdeckt. Der Mangel an Salz hat auch eine interessante historische Dimension. Salz war in früheren Zeiten ein wichtiger wirtschaftlicher und medizinischer Faktor. (Noch unser Wort „Salär“ erinnert beispielsweise an den lateinischen Begriff für Salz, *sal*, und seine Bedeutung als Währung.) Im 16. Jh. versuchte die päpstliche Führung den absolut zur Unabhängigkeit entschlossenen Toskanern eine Salzsteuer aufzuzwingen, doch die schlugen zurück und weigerten sich fortan, ihr Brot zu salzen. Auf diese Weise entdeckten sie, wie gut das ungesalzene Brot den intensiven Aromen der restlichen Mahlzeit tat, und blieben bis heute dabei.

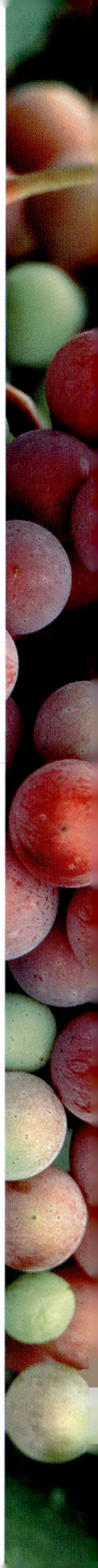

Doch das ungewürzte Brot schmeckt auch keineswegs vollkommen fade, denn frische Hefe und toskanisches Mehl aus sonnenverwöhntem Korn entwickeln beim Backen im rustikalen Holzofen eine durchaus eigene Geschmacksnote. Teilweise werden noch Geschmackszusätze in Form von Nüssen, Oliven oder Zwiebeln eingesetzt.

Die Jahreszeiten

Im Sommer entfaltet sich dann die ganze Fülle toskanischer Naturgaben. Tomaten bereichern die Salate in ihren zahlreichen Formen, Größen und Färbungen und bieten sich zum Einmachen ebenso an wie als Grundzutat für Saucen und Aufstriche. Zucchini, Paprika und Auberginen färben die Märkte so bunt wie die Teller. Karotten, Zwiebeln und Sellerie warten darauf, gehackt und in aromatischem Olivenöl eingelegt zu werden. Extrafeine grüne Bohnen werden in rascher Folge von weißen und roten Bohnen ergänzt. Basilikum, Petersilie, Oregano und Majoran verströmen ihr verführerisches Aroma in fast allen liebevoll angerichteten Mahlzeiten.

Und natürlich ist der Sommer auch die beste Zeit für Obst: Süße Kirschen und Erdbeeren läuten die Saison ein, gefolgt von Aprikosen, Pfirsichen und Nektarinen. Die steigende Hitze ruft dann leckere Melonensorten auf den Plan, die den Durst löschen und sich auch großartig zur Kombination mit Prosciutto eignen. Frische Feigen und Mandeln runden die Mahlzeiten ab.

Mit dem Herbst bahnt sich eine Veränderung auf dem Speiseplan an. Vor allem Pilze erscheinen in allen Variationen (am beliebtesten sind vielleicht Porcini) auf toskanischen Esstischen. Sie verleihen Eintöpfen, Salaten und Omeletts eine charakteristische Note – oder werden ganz einfach mit Olivenöl gegrillt. Jetzt beginnt auch die Zeit der Trüffel. Diese weißen

oder schwarzen Delikatessen sind zwar sündhaft teuer, aber so reich an einzigartigem Geschmack, dass sie ein einfaches Risotto oder Pastagericht mit einem Schlag in das luxuriöseste Festmahl verwandeln können. Man grillt jetzt auch Kürbisse, macht aus ihnen Suppe oder Raviolifüllungen. Äpfel und Birnen dominieren nun die Obststände und werden gern zu Pecorino und frischen Walnüssen verzehrt.

Natürlich ist der Herbst auch die Zeit der Traubenernte und Weinlese. Die Weine der Toskana sind ebenso herrlich wie die Speisen, zu denen sie gereicht werden. Die Weißweine aus Trebbiano- and Vernacciatrauben ergeben gut gekühlt einen idealen Aperitif oder das passende Getränk zum Fisch. Aber auch köstliche Rotweine stammen von toskanischen Rebstöcken und passen hervorragend zu Pasta- und Fleischgerichten. Der berühmteste unter ihnen ist sicher der Chianti, wobei der beste aus dem Anbaugebiet zwischen Florenz und Siena stammt. Montepulciano und Montalcino liefern ebenfalls Rotwein von wahrer Spitzenqualität. Die regionale Spezialität Vin Santo, ein schwerer Wein, dessen Trauben in verräucherten Küchen aufgehängt werden, bis sich ihr Geschmack zu extremer Süße verdichtet hat, wird gern zum Abschluss einer üppigen toskanischen Mahlzeit genossen.

Holen Sie sich die unwiderstehliche kulinarische Vielfalt der toskanischen Kochkunst ins eigene Heim – mit den folgenden Rezepten gelingt das auf ebenso anregende wie mühelose Art und Weise!

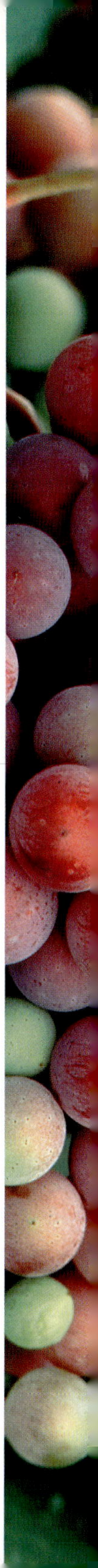

Vorspeise und Suppe

Antipasti sind die appetitanregenden Vorspeisen, die, wie der Name schon sagt, vor dem Hauptgang mit Pasta serviert werden. Zu einem typischen Antipasti-Angebot gehören kalte Fleisch- oder Gemüsehappen, die nur mit ein wenig nativem Olivenöl serviert werden.

Antipasti werden je nach Saison warm oder kalt gereicht. Zu den warmen Varianten gehören geröstete Weißbrotscheiben mit Aufstrich. Die kalten sind in der Hauptsache Snacks auf Gemüse-Olivenöl-Basis. Suppe wird in Italien in drei Hauptvariationen genossen: Einfache Brühen sind sehr beliebt, dickflüssigere Suppen aber besser für die kühle Jahreszeit geeignet. Am besten schmecken die kräftigen Eintöpfe aus Gemüse und Hülsenfrüchten.

Wildpilz-Bruschetta

Bruschetta di funghi

Für 4 Personen

4 Scheiben Weißbrot, vorzugsweise Sauerteigbrot

3 Knoblauchzehen, 1 halbiert und 2 zerdrückt

2 EL natives Olivenöl extra

250 g gemischte Wildpilze, z. B. Porcini oder Wiesenchampignons

1 EL Olivenöl

25 g Butter

1 kleine Zwiebel oder 2 Schalotten, fein gehackt

50 ml trockener Weißwein oder Marsala

Salz und Pfeffer

2 EL frisch gehackte glatte Petersilie, zum Garnieren

Bruschetta sind geröstete Landweißbrotscheiben, die mit Knoblauch und nativem Olivenöl extra eingerieben werden. Der Belag ist optional, enthält aber oft Tomaten oder wie hier Pilze.

Die Brotscheiben von beiden Seiten unter dem vorgeheizten Backofengrill oder in einer vorgeheizten Grillpfanne rösten, dann mit den Knoblauchhälften einreiben und das native Olivenöl extra darüberträufeln. Auf ein mit Backpapier ausgelegtes Backblech legen und im Backofen bei mittlerer Hitze warm halten.

Die Pilze gründlich abreiben, bis keinerlei Erdspuren mehr bleiben, und große Exemplare halbieren.

Das Olivenöl mit der Hälfte der Butter in einer Pfanne erhitzen, die Pilze zugeben und auf mittlerer Stufe unter gelegentlichem Rühren 3–4 Minuten weich dünsten. Mit einem Schaumlöffel herausnehmen und im Backofen warm halten.

Die restliche Butter in einer Pfanne erhitzen, Zwiebel und zerdrückten Knoblauch zugeben und auf mittlerer Stufe unter häufigem Rühren 3–4 Minuten weich dünsten. Den Wein zugießen, gut verrühren und 2–3 Minuten köcheln lassen, bis die Sauce eindickt. Die Pilze wieder in die Pfanne geben und alles gut erhitzen. Die Sauce sollte die Pilze dick glasieren. Mit Salz und Pfeffer abschmecken.

Die Pilze auf die warmen Brotscheiben verteilen, mit Petersilie bestreuen und anschließend sofort servieren.

Tomaten-Brot-Suppe

Pappa col pomodoro

Für 6 Personen

450 g möglichst grobporiges Weißbrot, Ciabatta oder Baguette vom Vortag

1 kg reife Fleischtomaten

4 EL Olivenöl

4 Knoblauchzehen, zerdrückt

500 ml kochendes Wasser

Salz und Pfeffer

1 Bund frisches Basilikum

6 EL natives Olivenöl extra, zum Servieren

Die Qualität dieser einfachsten aller toskanischen Suppen hängt ganz von der Frische ihrer Zutaten ab. Am besten bereiten Sie sie im Hochsommer zu, wenn die Tomaten am süßesten sind und das Basilikum sein volles Aroma entfaltet.

Das Brot in Scheiben schneiden, dann würfeln (nach Wunsch kann die Rinde entfernt werden) und 30 Minuten trocknen lassen. In der Zwischenzeit die Tomaten häuten (s. Tipp) und in Stücke schneiden.

Das Olivenöl in einem großen Topf erhitzen, den Knoblauch zugeben und auf mittlerer Stufe unter Rühren kurz anbraten, ohne dass der Knoblauch bräunt. Die Tomaten zugeben und 20–30 Minuten köcheln lassen, bis die Mischung eindickt.

Die Brotwürfel zugeben und rühren, bis alle Flüssigkeit aufgenommen ist. Das kochende Wasser einrühren, bis eine dickflüssige Suppe entsteht. Kräftig mit Salz und Pfeffer abschmecken (die nötige Salzmenge hängt von der verwendeten Brotsorte ab).

Die Basilikumblätter von den Stielen lösen und große Blätter in Stücke reißen. Die Blätter in die Suppe einrühren.

In Suppentassen füllen, einen Esslöffel natives Olivenöl extra über jede Tasse träufeln und die Suppe heiß servieren.

Tipp

Tomaten lassen sich leichter häuten, wenn man sie 10–15 Sekunden in eine Schüssel kochendes Wasser taucht und dann in eine Schüssel mit kaltem Wasser legt. Die Haut erst mit einem scharfen Küchenmesser einritzen und dann streifenweise abziehen.

Rustikale Bohnen-Kohl-Suppe

Ribollita

Für 6 Personen

- 200 g getrocknete weiße Bohnen, über Nacht in Wasser eingeweicht
- 3 EL Olivenöl
- 2 rote Zwiebeln, grob gehackt
- 4 Karotten, in Scheiben geschnitten
- 4 Selleriestangen, grob gehackt
- 4 Knoblauchzehen, grob gehackt
- 600 ml Wasser oder Gemüsebrühe
- 400 g Tomaten aus der Dose, zerteilt
- 2 EL frisch gehackte glatte Petersilie
- Salz und Pfeffer
- 500 g Cavolo Nero (Schwarzkohl) oder Spitzkohl, geputzt und in Streifen geschnitten
- 1 kleines Ciabattabrot vom Vortag, in kleine Stücke zerteilt
- natives Olivenöl extra, zum Servieren

Für diese sehr nahrhafte toskanische Kohlsuppe wird traditionell der italienische Schwarzkohl Cavolo Nero verwendet. Alternativ eignet sich aber auch Spitzkohl.

Die weißen Bohnen abtropfen lassen und in einen großen Topf geben. Mit kaltem Wasser bedeckt zum Kochen bringen und die Oberfläche mit einem Schaumlöffel abschöpfen. Herunterschalten und ohne Deckel 60–80 Minuten köcheln lassen, bis die Bohnen gar sind. Falls nötig, Wasser nachgießen.

Unterdessen das Olivenöl in einem großen Topf erhitzen, Zwiebeln, Karotten und Sellerie zugeben und auf mittlerer Stufe unter häufigem Rühren 10–15 Minuten köcheln lassen, bis das Gemüse weich ist. Den Knoblauch zugeben und alles 1–2 Minuten weitergaren.

Die Bohnen abgießen, dabei die Kochflüssigkeit auffangen und die Bohnen zur Gemüsemischung geben. Wasser oder Brühe und Tomaten zugeben, die Petersilie unterrühren und alles gut mit Salz und Pfeffer abschmecken. Zum Kochen bringen und ohne Deckel unter gelegentlichem Rühren 30 Minuten auf mittlerer Stufe köcheln lassen. Dann den Kohl zugeben und unter gelegentlichem Rühren weitere 15 Minuten köcheln lassen.

Die restlichen Bohnen zusammen mit etwas Kochflüssigkeit in die Küchenmaschine oder einen Mixer geben und zu einer glatten Masse verarbeiten. Alles in die Suppe geben. Die Ciabattastücke einrühren. Die Suppe sollte dickflüssig sein, aber nicht fest, bei Bedarf also mehr Kochflüssigkeit einrühren. Alles unter Rühren gründlich erhitzen.

Mit Olivenöl beträufelt heiß servieren.

Tipp

Um Zeit zu sparen, können Sie statt der getrockneten Bohnen auch 400 g weiße Bohnen aus der Dose verwenden. Die Bohnen abgießen und in der Küchenmaschine oder im Mixer mit etwas Brühe oder Wasser zu einer glatten Masse verarbeiten.

Kichererbsensuppe

Zuppa di ceci

Für 6 Personen

400 g getrocknete Kichererbsen, über Nacht in Wasser eingeweicht

Salz und Pfeffer

2 EL Olivenöl

1 Zwiebel, fein gehackt

2 Knoblauchzehen, fein gehackt

450 g Mangold, ohne Stiele, in feine Streifen geschnitten

2 frische Rosmarinzweige

400 g Tomaten aus der Dose, zerteilt

einige Scheiben geröstetes Weißbrot, zum Servieren

Kichererbsen gehören zu den in der Toskana beliebtesten Hülsenfrüchten und finden reiche Verwendung in Suppen, Eintöpfen und Gemüsegerichten. Kichererbsen verderben außergewöhnlich schnell, achten Sie also gut auf das Haltbarkeitsdatum auf der Packung.

Die Kichererbsen abtropfen lassen und in einen großen Topf geben. Mit kaltem Wasser bedecken und zum Kochen bringen. Die Oberfläche mit einem Schaumlöffel abschöpfen. Herunterschalten und ohne Deckel 60–75 Minuten köcheln lassen, bis die Bohnen weich sind. Bei Bedarf Wasser nachgießen.

Die Kichererbsen abgießen und die Kochflüssigkeit auffangen. Kräftig salzen und pfeffern. Zwei Drittel davon zusammen mit etwas Kochflüssigkeit in die Küchenmaschine oder einen Mixer geben und zu einer glatten Masse verarbeiten. Bei Bedarf etwas mehr Kochflüssigkeit zugeben, bis eine dickflüssige Suppe entsteht.

Wieder in den Topf geben.

Das Öl in einem mittelgroßen Topf erhitzen, Zwiebel und Knoblauch zugeben und auf mittlerer Stufe unter häufigem Rühren 3–4 Minuten weich dünsten. Mangold und Rosmarinzweige zugeben und unter Rühren 3–4 Minuten weiterköcheln lassen. Die Tomatenstücke einrühren und weitere 5 Minuten garen, bis die Tomaten eine sauceartige Konsistenz angenommen haben. Die Rosmarinzweige wieder entfernen.

Die Mangold-Tomaten-Mischung zum Kichererbsenpüree geben und 2–3 Minuten köcheln lassen. Noch einmal mit Salz und Pfeffer abschmecken.

In vorgewärmten Suppentassen heiß servieren, dazu geröstetes Weißbrot reichen.

Kastanien-Pancetta-Suppe

Minestra di castagne e pancetta

Für 4–6 Personen

3 EL Olivenöl

200 g Pancetta, in Streifen geschnitten

2 Zwiebeln, fein gehackt

2 Karotten, fein gehackt

2 Selleriestangen, fein gehackt

350 g getrocknete Esskastanien, über Nacht in Wasser eingeweicht

2 Knoblauchzehen, fein gehackt

1 EL frisch gehackter Rosmarin

1 l Hühnerbrühe

Salz und Pfeffer

natives Olivenöl extra, zum Servieren

Esskastanien werden im Oktober in der Gegend von Chianti geerntet. Sie sind im gut sortierten Feinkosthandel getrocknet oder auch frisch vakuumverpackt erhältlich.

Das Olivenöl in einem großen Topf erhitzen, die Pancetta zugeben und auf mittlerer Stufe unter häufigem Rühren 2–3 Minuten anbraten, bis es zu bräunen beginnt.

Zwiebeln, Karotten und Sellerie zugeben und unter häufigem Rühren 10 Minuten garen, bis die Zwiebeln goldbraun sind und das Gemüse weich ist.

Die Kastanien abtropfen lassen, mit Knoblauch und Rosmarin in den Topf geben und alles gut verrühren. Die Hühnerbrühe einrühren, zum Kochen bringen und ohne Deckel 30–35 Minuten köcheln lassen, bis die Kastanien weich zu werden beginnen. So entsteht eine dickflüssige Suppe. Kräftig mit Salz und Pfeffer abschmecken und in vorgewärmte Suppenteller geben. Mit Olivenöl beträufeln und heiß servieren.

Toskanischer Sommersalat

Panzanella

Für 4 Personen

- 8 große reife Tomaten
- 2 Knoblauchzehen, zerdrückt
- Salz und Pfeffer
- 6 EL natives Olivenöl extra, plus etwas mehr zum Servieren
- 2 EL Rotweinessig oder Balsamico-Essig
- 250 g ungesalzenes Toskanabrot oder Ciabatta
- 1 rote Zwiebel, halbiert und in halbe Ringe geschnitten
- 1 Handvoll frische Basilikumblätter, zerzupft

Ein traditioneller Brot-Tomaten-Salat. Wenn Sie kein ungesalzenes Toskanabrot (s. S. 36) zubereitet haben, verwenden Sie ein anderes Landweißbrot, etwa Ciabatta.

Die Tomaten halbieren und die Samen entfernen. Das Fruchtfleisch achteln und mit einem Sieb über einer Schüssel den Saft auffangen. Den Knoblauch zum Tomatensaft geben und kräftig salzen und pfeffern. Essig und Öl zugießen und alles gut verrühren.

Das Brot in große Stücke brechen und in eine große Schüssel geben. Die Tomatensaftmischung darübergeben und vorsichtig verrühren, bis die ganze Flüssigkeit aufgenommen ist. Das Brot mit den Fingern in kleinere Stücke brechen, aber vorsichtig vorgehen, damit die Konsistenz nicht leidet.

Eine Lage Brot in eine Salatschüssel geben und die Hälfte der Tomaten und Zwiebelringe daraufgeben. Eine weitere Lage Brot zugeben und die restlichen Tomaten und Zwiebelringe sowie die Basilikumblätter darüber verteilen. Abgedeckt bei Zimmertemperatur 1 Stunde ruhen lassen, bis das Brot alle Aromen gut aufgenommen hat.

Gut umrühren, noch einmal abschmecken und mit etwas zusätzlichem Öl beträufelt servieren.

Tipp

Das traditionelle Rezept kann durch gegrillten Paprikastreifen, Kapern, Sardellen und Oliven ergänzt werden.

Schinken-Salami-Salat mit Feigen

Insalata di prosciutto, salami e fichi

Für 6 Personen

9–12 reife Feigen, je nach Größe

6 dünne Scheiben luftgetrockneter italienischer Schinken

12 dünne Scheiben Salami

1 kleines Bund frisches Basilikum, in kleine Zweige zerzupft

einige Minzezweige

1 kleines Bund Rucola

2 EL frisch gepresster Zitronensaft

4 EL natives Olivenöl extra

Salz und Pfeffer

Feigen sind ein entscheidender Bestandteil der italienischen Küche. Man serviert sie nicht nur als Dessert, sondern – wie hier – auch als Vorspeise mit Schinken und Salami. Achten Sie darauf, dass die Feigen reif und weich sind, denn unreifen Früchten mangelt es enttäuschend an Geschmack.

Die Stiele der Feigen kurz abschneiden und die Früchte vierteln.

Schinken und Salami auf einer Servierplatte anrichten.

Kräuter und Rucolablätter waschen und mit den Feigenvierteln in eine Schüssel geben. Zitronensaft und Öl in einer kleinen Schüssel mit einer Gabel verrühren und kräftig salzen und pfeffern.

Die Mischung über die Kräuter und den Rucola gießen und die Feigenviertel und Salatblätter vorsichtig darin wenden.

Feigen und Rucola über dem Schinken verteilen und appetitlich auf der Servierplatte anrichten.

Artischocken-Spargel-Salat

Insalata di carciofi e asparagi

Für 6 Personen

- 6 kleine Artischocken
- Saft von 1 Zitrone
- 250 g junge Spargelspitzen
- Salz und Pfeffer
- 6 EL natives Olivenöl extra
- 75 g entsteinte schwarze Oliven
- 3 Sardellenfilets in Öl, abgetropft und gehackt
- 2 EL frisch gehackte glatte Petersilie
- 100 g Parmesan, gehobelt

Artischocken und Spargel sind ideales Sommergemüse und jeweils nur für kurze Zeit frisch erhältlich. Um sie einfach mit Olivenöl, zerlassener Butter oder – wie hier – im Salat zu genießen, sollten Sie sich so frisch wie irgend möglich einkaufen.

Die Artischockenstiele auf 1 cm kürzen und die oberen Blattviertel abschneiden. Einen großen Topf mit Wasser füllen, mit der Hälfte des Zitronensafts zum Kochen bringen und die Artischocken hineingeben. Herunterschalten und 15–20 Minuten köcheln lassen, bis die Blätter sich mühelos abziehen lassen.

Unterdessen die holzigen Ende vom Spargel abschneiden und falls nötig die harte äußere Schicht abhobeln. Den Spargel gründlich säubern und in einem Spargeltopf (in dem die Spargelstangen aufrecht stehen können, sodass die Köpfe gedämpft werden) oder in einer großen Pfanne auf mittlerer Stufe 5–8 Minuten weich kochen.

Dann den Spargel abgießen und abkühlen lassen. Kräftig salzen und pfeffern und dann mit der Hälfte des Öls beträufeln.

Die Artischocken abgießen, unter fließend kaltem Wasser abkühlen und zum Abtropfen auf den Kopf stellen. Die harten äußeren Blätter entfernen. Die Artischockenherzen vierteln und den haarigen Stiel entfernen. Die Herzen in eine Schüssel geben, kräftig salzen und pfeffern und einen Spritzer vom restlichen Öl darübergeben.

Artischockenherzen und Spargel auf Servierteller anrichten und dann Oliven, Sardellen und Petersilie darauf verteilen. Mit dem restlichen Zitronensaft und Öl beträufeln und mit Parmesanspänen garniert servieren.

Tipp

Sie müssen die Artischocken nicht unbedingt frisch zubereiten (obwohl sie dann deutlich besser schmecken). Alternativ verwenden Sie 12 Artischockenherzen aus dem Glas.

Bohnen-Pecorino-Salat

Insalata di baccelli e pecorino

Für 6 Personen

250 g frische dicke Bohnen, geschält
5 EL natives Olivenöl extra
2 EL frisch gepresster Zitronensaft
1 EL frisch gehackte Minze
Salz und Pfeffer
200 g junger Pecorino, gewürfelt
100 g Rucola
50 g alter Pecorino oder Parmesan, gehobelt

Dieser Salat wird im Mai oder Juni genossen, wenn die frischen dicken Bohnen am zartesten sind. Falls Sie nicht ganz junge Bohnen bekommen können, sollten Sie die Außenhaut entfernen.

Wenn die dicken Bohnen besonders jung und frisch sind, können Sie sie roh servieren, ansonsten blanchieren Sie sie 2–3 Minuten in einem großen Topf mit kochendem Wasser. Abgießen, unter fließend kaltem Wasser abspülen und abtropfen lassen.

Die abgetropften Bohnen in eine Schüssel geben und Öl und Zitronensaft sowie Minze zugeben. Kräftig salzen und pfeffern und die Pecorinowürfel untermengen.

Die Rucolablätter auf einer Servierplatte anrichten und die Bohnen-Käse-Mischung darübergeben. Mit den Pecorino- oder Parmesanspänen garnieren und servieren.

Tipp

Wenn Sie ältere dicke Bohnen oder Tiefkühlbohnen verwenden, brauchen Sie die Hälfte der angegebenen Menge zusätzlich, weil Sie dann die Haut abziehen müssen.

Der erste Gang

Brot ist in der Toskana am beliebtesten, wenn es im Holzofen gebacken wird. Die Form der Brotlaibe variiert. Toskanische Pizza zeichnet sich durch einen besonders dünnen Boden und sehr einfachen Belag aus.

Die Pasta ist das A und O der italienischen Küche. Zwei reizvolle Beispiele sind in diesem Kapitel vertreten. Gnocchi werden überwiegend aus Kartoffeln hergestellt, doch es gibt auch Weizenvariationen.

Ein original italienisches Risotto ist eine köstlich gehaltvolle Komplettmahlzeit. Sie wird mit Milchreis oder besser noch mit speziell für Risottos geeignetem italienischen Arborioreis zubereitet, der für cremigen Biss sorgt.

Toskanische Mini-Pizzas

Schiacciate

Ergibt 4 Stück

250 g Mehl, plus etwas mehr zum Bestäuben

2 TL Trockenhefe

1/2 TL Salz

1 EL Olivenöl, plus etwas mehr zum Einfetten

175 ml warmes Wasser

frische Basilikumzweige, zum Garnieren

Belag

150 g Mozzarella, in dünne Scheiben geschnitten

4 Scheiben italienischer luftgetrockneter Schinken, in Streifen gerissen

4 reife Fleischtomaten, in sehr dünne Scheiben geschnitten

Salz und Pfeffer

2 EL natives Olivenöl extra

Diese kleinen und sehr dünnen Pizzas können als leckere Antipasti oder auch stückweise zum Aperitif serviert werden.

Mehl, Hefe und Salz in eine Rührschüssel geben. In die Mitte eine Vertiefung drücken. Olivenöl und Wasser vermengen und in die Vertiefung gießen. Mit einer Messerklinge schrittweise die Flüssigkeit mit dem Mehl vermischen. Dann mit den Händen zu einem lockeren Teig verkneten.

Den Teig auf einer leicht bemehlten Arbeitsfläche 5–7 Minuten glatt kneten. Dann wieder in die Schüssel geben und mit einem sauberen Küchentuch oder eingeölter Frischhaltefolie abdecken. Den Teig ca. 1 Stunde an einem warmen Ort gehen lassen, bis er auf doppelte Größe aufgegangen ist. Herausnehmen und mit den Händen noch einmal gut durchkneten.

Den Backofen auf 225 °C vorheizen und 2 Bögen Backpapier bereitlegen. Den Teig in 4 Portionen aufteilen und jede zu einem sehr flachen, runden Fladen ausrollen.

2 Pizzaböden auf jeweils einen Bogen Backpapier legen. Mit Mozzarellascheiben und dann mit Schinken belegen. Die Tomatenscheiben auf den Mini-Pizzas verteilen und alles kräftig salzen und pfeffern sowie mit Öl beträufeln. An einem warmen Ort ca. 10 Minuten gehen lassen.

Im vorgeheizten Ofen 15–20 Minuten goldbraun und knusprig backen. Mit Basilikumzweigen garnieren und heiß servieren.

Toskanabrot

Pane toscano

Ergibt 1 großen Laib Brot

450 g Mehl, plus etwas mehr zum Bestäuben

1 1/2 TL Trockenhefe

2 EL Olivenöl, plus etwas mehr zum Einfetten

300 ml warmes Wasser

In der Toskana isst man gern würzig. Dieses traditionell ungesalzene Brot (s. S. 9) ist als ausgleichende Beilage die perfekte Ergänzung zu den stark gewürzten Speisen der Region.

Mehl und Hefe in einer Rührschüssel vermengen. In die Mitte eine Vertiefung drücken. Olivenöl und Wasser vermengen und in die Vertiefung gießen. Mit einer Messerklinge schrittweise die Flüssigkeit mit dem Mehl vermischen. Dann mit den Händen zu einem lockeren Teig verkneten.

Den Teig auf einer leicht bemehlten Arbeitsfläche 5–7 Minuten glatt kneten. Dann wieder in die Schüssel geben und mit einem sauberen Küchentuch oder eingeölter Frischhaltefolie abdecken. Den Teig ca. 1 Stunde an einem warmen Ort gehen lassen, bis er auf doppelte Größe aufgegangen ist. Herausnehmen und mit den Händen noch einmal gut durchkneten.

Den Backofen auf 200 °C vorheizen und einen großen Bogen Backpapier bereitlegen. Den Teig zu einer länglichen Kugel formen und auf das Backpapier setzen. Mit einem sauberen Küchentuch oder eingeölter Frischhaltefolie abdecken und an einem warmen Ort 30 Minuten gehen lassen.

Das Brot oben mit einem scharfen Messer mehrmals einschneiden.

Im vorgeheizten Ofen 30–35 Minuten backen. Wenn das Brot zu schnell bräunt, die Hitze etwas reduzieren. Als Garprobe den Laib umdrehen und auf die Unterseite klopfen. Durchgebackenes Brot klingt auf Klopfen hohl. Das Brot auf einem Kuchengitter auskühlen lassen.

Zwiebel-Rosmarin-Fladen

Focaccia con cipolle e rosmarino

Ergibt 1 Fladenbrot

450 Mehl, plus extra zum Bestäuben

1½ TL Trockenhefe

½ TL Salz

2 EL frisch gehackter Rosmarin, plus einige kleine Zweige zum Garnieren

5 EL natives Olivenöl extra, plus etwas mehr zum Einfetten

300 ml warmes Wasser

1 rote Zwiebel, in Ringe geschnitten

1 EL grobes Meersalz

Focaccia ist ein sehr beliebtes Fladenbrot, das überall in der Toskana gern gegessen wird. Es kann einfach nur mit Olivenöl zubereitet werden oder auch mit Geschmackszusätzen wie hier.

Mehl, Hefe und Salz in einer Rührschüssel vermengen und den gehackten Rosmarin einrühren. In die Mitte eine Vertiefung drücken. 3 Esslöffel Olivenöl und Wasser vermischen und in die Vertiefung gießen. Mit einer Messerklinge schrittweise die Flüssigkeit mit dem Mehl vermischen. Dann mit den Händen zu einem lockeren Teig verkneten.

Den Teig auf einer leicht bemehlten Arbeitsfläche 8–10 Minuten glatt kneten. Dann wieder in die Schüssel geben und mit einem sauberen Küchentuch oder eingeölter Frischhaltefolie abdecken. Den Teig 45–60 Minuten an einem warmen Ort gehen lassen, bis er auf doppelte Größe aufgegangen ist. Herausnehmen und mit den Händen noch einmal gut durchkneten.

Den Backofen auf 200 °C vorheizen und einen großen Bogen Backpapier bereitlegen. Den Teig zu einem Kreis von ca. 30 cm Ø ausrollen – dabei muss der Fladen nicht kreisrund werden, eine leicht ovale Form ist auch sehr verbreitet. Den Fladen auf das Backpapier setzen. Mit einem sauberen Küchentuch oder eingeölter Frischhaltefolie abdecken und an einem warmen Ort 20–30 Minuten gehen lassen.

Im Abstand von ca. 5 cm mit dem Griff eines Holzlöffels Löcher in den Teig stechen. Die Zwiebelringe auf dem Fladen verteilen, mit dem restlichen Öl beträufeln und den Fladen mit Meersalz bestreuen. Im vorgeheizten Ofen 20–25 Minuten goldbraun backen. 5 Minuten vor Ende der Backzeit mit den zusätzlichen Rosmarinzweigen garnieren. Einige Minuten auf einem Kuchengitter abkühlen lassen und dann warm servieren.

Tipp

Zusätzliches Aroma verleihen sonnengetrocknete Tomaten und gehackte Oliven, die vor dem letzten Gehen des Teiges oder erst ganz am Schluss auf dem Fladen verteilt werden.

Bandnudeln mit Aubergine und Paprika

Pappardelle con melanzane e peperoni

Für 4–6 Personen

2 EL Olivenöl

1 rote Zwiebel, grob gehackt

2 Knoblauchzehen, grob gehackt

50 g Pancetta, in 1-cm-Stücke geschnitten

1 große Aubergine, in 1-cm-Würfel geschnitten

2 rote Paprika, in Streifen geschnitten

125 ml Rotwein

400 g Tomaten aus der Dose, zerteilt

1 EL Tomatenmark

Salz und Pfeffer

1 kleines Bund frisches Basilikum, Blätter zerzupft

350 g Bandnudeln (falls erhältlich frische Teigwaren)

4 EL frisch geriebener Parmesan, zum Servieren

Bandnudeln (Pappardelle) sind in Kombination mit Kaninchenbraten ein sehr traditionelles toskanisches Gericht. Doch da Kaninchenfleisch hier wenig verbreitet ist, wurde statt des Fleisches eine gehaltvolle Gemüsesauce gewählt.

Das Öl in einer großen Pfanne erhitzen, Zwiebel und Knoblauch zugeben und auf mittlerer Stufe unter häufigem Rühren 3–4 Minuten garen. Die Pancettastücke in die Pfanne geben und unter Rühren 2–3 Minuten bräunen.

Aubergine und Paprika zugeben und unter gelegentlichem Rühren 8–10 Minuten garen.

Wein, Tomaten und Tomatenmark zugeben und alles zum Kochen bringen. Dann herunterschalten und ohne Deckel 4–5 Minuten köcheln lassen, bis die Sauce eindickt. Kräftig salzen und pfeffern, dann das Basilikum zugeben.

Unterdessen Wasser in einem großen Topf zum Kochen bringen. Die Bandnudeln hineingeben und gründlich umrühren. Wieder zum Kochen bringen und frische Teigwaren 2–3 Minuten, getrocknete Nudeln 10 Minuten *al dente* kochen. Abgießen und wieder in den Topf geben. Dabei ein wenig Kochflüssigkeit aufbewahren.

Die Sauce über die Nudeln gießen und alles gut umrühren. Bei Bedarf mehr Kochflüssigkeit zugeben, bis eine dickflüssige Sauce entsteht.

Auf vorgewärmten Serviertellern mit Parmesan bestreut servieren.

Penne mit Würstchensauce

Penne con sugo di salsicce

Für 4–6 Personen

2 EL Olivenöl

1 rote Zwiebel, grob gehackt

2 Knoblauchzehen, grob gehackt

6 italienische Würstchen oder Krakauer, ohne Pelle, das Innere zerbröckelt

1/2 TL Chilipulver

2 EL frisch gehackter Oregano

400 g Tomaten aus der Dose, zerteilt

Salz und Pfeffer

350 g Penne

2 EL frisch gehackte glatte Petersilie, zum Garnieren

3 EL frisch geriebener Parmesan, zum Servieren

Die würzigen original italienischen Würstchen werden im Feinkosthandel angeboten. Als Ersatz eignen sich aber auch Krakauer.

Das Öl in einem großen Topf erhitzen, die Zwiebel zugeben und auf mittlerer Stufe unter häufigem Rühren 6–8 Minuten anbräunen. Knoblauch und zerbröckelte Würstchen zugeben und 8–10 Minuten garen, dabei mit einem Holzlöffel verrühren. Chilipulver und Oregano hineingeben und alles gut verrühren. Tomaten zugeben und zum Kochen bringen, dann herunterschalten und ohne Deckel 4–5 Minuten köcheln lassen, bis die Sauce eindickt. Mit Salz und Pfeffer abschmecken.

Unterdessen Wasser in einem großen Topf zum Kochen bringen. Die Penne zugeben und gut unterrühren. Dann wieder zum Kochen bringen und 10–12 Minuten (oder nach Packungsanweisung) *al dente* kochen. Gut abtropfen lassen und wieder in den Topf geben.

Die Sauce darübergießen und alles gut verrühren. Auf vorgewärmten Tellern mit Petersilie und Parmesan bestreut servieren.

Gnocchi mit Walnusspesto

Topini con pesto alle noci

Für 4 Personen

450 g mehlige Kartoffeln

50 g frisch geriebener Parmesan

1 Ei, leicht verquirlt

200 g Mehl, plus etwas mehr zum Bestäuben

Pesto

50 g frische glatte Petersilie

2 EL Kapern, abgespült

2 Knoblauchzehen

175 ml natives Olivenöl extra

75 g Walnusshälften

Salz und Pfeffer

50 g Pecorino oder Parmesan, frisch gerieben

Für die Zubereitung von Gnocchi eignen sich nur mehlige Kartoffeln, sonst geraten sie klebrig und zäh. Um ganz trockene Kartoffeln zu erhalten, kochen Sie sie ungeschält.

Die Pellkartoffeln in einem großen Topf mit Wasser 30–35 Minuten weich kochen. Gut abtropfen lassen und kurz abkühlen lassen.

In der Zwischenzeit das Pesto zubereiten. Dafür Petersilie, Kapern und Knoblauch fein hacken und mit Öl, Walnüssen sowie Salz und Pfeffer in einen Mörser geben. Mit dem Stößel zu einer groben Paste verarbeiten. Pecorino zugeben und alles gut unterrühren.

Dann die Kartoffeln pellen und durch ein Sieb in eine große Schüssel streichen bzw. in der Küchenmaschine zu Brei verarbeiten. Den noch heißen Kartoffelbrei kräftig salzen und pfeffern und den Parmesan zugeben. Das verquirlte Ei unterheben und das Mehl darübersieben. Alles vermengen und auf einer leicht bemehlten Arbeitsfläche zu einem glatten Teig verkneten. Wenn der Teig klebt, mehr Mehl verwenden.

Den Teig auf der Arbeitsfläche mit den Händen zu einer langen Rolle drehen. In 2,5-cm-Stücke schneiden und mit einer Gabel leicht von oben eindrücken, sodass die traditionell geriffelte Oberfläche entsteht.

Die fertigen Gnocchi auf einen großen Bogen Backpapier legen und mit einem sauberen Küchentuch abdecken, während die restlichen Gnocchi entstehen.

Wasser in einem großen Topf zum Kochen bringen, die Gnocchi portionsweise zugeben und 1–2 Minuten garen. Mit einem Schaumlöffel herausnehmen und in einer vorgewärmte Servierschüssel warm halten, bis alle Gnocchi gekocht sind.

Die Gnocchi mit 1 Esslöffel Pesto auf vorgewärmten Tellern servieren.

Spinat-Ricotta-Gnocchi

Gnocchi di spinaci e ricotta

Für 4–6 Personen

1 EL Olivenöl

500 g junger Spinat

250 g Ricotta

125 g frisch geriebener Parmesan oder Pecorino

2 Eier, leicht verquirlt

50 g Mehl, plus etwas mehr zum Bestäuben

Salz und Pfeffer

frisch geriebene Muskatnuss

Sauce

2 EL Olivenöl

2 Schalotten, fein gehackt

1 Karotte, gewürfelt

2 Knoblauchzehen, zerdrückt

800 g Tomaten aus der Dose, zerteilt

1 EL Tomatenmark

6 frische Basilikumblätter, grob in Stücke zerzupft, plus einige Blätter mehr zum Garnieren

Parmesan, zum Garnieren

Diese Weizen-Gnocchi mit Ei, Frischkäse und Spinat sind im Gegensatz zu den schwereren Kartoffel-Käse-Varianten wunderbar leicht und verträglich.

Das Öl in einem großen Topf erhitzen. Den Spinat zugeben und abgedeckt 1–2 Minuten garen, bis er leicht zusammenfällt. Durch ein Sieb abtropfen lassen und abkühlen lassen. Dann den Spinat mit den Händen oder in einem sauberen Küchentuch ganz ausdrücken.

Den Spinat fein hacken und in einer Schüssel mit Ricotta, der Hälfte des Parmesans, Eiern und Mehl verrühren. Kräftig mit Salz, Pfeffer und Muskatnuss würzen. Abgedeckt für mindestens 1 Stunde in den Kühlschrank stellen.

In der Zwischenzeit die Sauce zubereiten. Dafür das Öl in einem Topf erhitzen, Schalotten, Karotte und Knoblauch zugeben und auf mittlerer Stufe unter Rühren 3–4 Minuten andünsten. Tomaten und Tomatenmark zugeben und alles zum Kochen bringen. Herunterschalten und ohne Deckel 10–15 Minuten köcheln lassen, bis die Sauce eindickt. Mit Salz und Pfeffer abschmecken und die Basilikumblätter zugeben. Wenn die Sauce besonders glatt gelingen soll, streichen Sie sie durch ein Sieb oder geben Sie sie noch einmal in die Küchenmaschine.

Zum Formen der Gnocchi die Hände gründlich bemehlen. 1 Teelöffel der Spinatmischung in einer Handfläche zu einem Oval rollen und auf einen großen Bogen Backpapier setzen. Den Vorgang mit der restlichen Spinatmischung wiederholen.

Wasser in einem großen Topf zum Kochen bringen und die Gnocchi in kleinen Portionen hineingeben. Mit einem Schaumlöffel herausnehmen und in einer vorgewärmten Servierschüssel warm halten, bis alle Gnocchi gekocht sind.

Die Sauce über die Gnocchi geben und mit Basilikumblättern und Parmesan garniert servieren.

Wildpilz-Risotto

Risotto con funghi

Für 4 Personen

- 50 g getrocknete Wildpilze
- 250 ml warmes Wasser
- 6 EL Olivenöl
- 300 g gemischte Wildpilze oder Wiesenchampignons, in dicke Scheiben geschnitten
- 2 Knoblauchzehen, fein gehackt
- 1 EL frisch gehackter Thymian
- Salz und Pfeffer
- 1 Zwiebel, fein gehackt
- 350 g Arborio- oder Milchreis
- 150 ml trockener Weißwein
- 700 ml Hühnerbrühe
- 50 g Butter
- 125 g frisch geriebener Parmesan
- 2 EL frisch gehackte glatte Petersilie, zum Garnieren

Pilzrisotto gelingt am besten zur Pilzsaison mit frischen Wildpilzen, aber den frischen Pilzen noch getrocknete zuzugeben bereichert das Reisgericht um ein intensiveres Aroma.

Die Trockenpilze in einer kleinen Schale mit warmem Wasser 10–15 Minuten einweichen. Abgießen und die Einweichflüssigkeit auffangen (die Flüssigkeit noch einmal durchsieben). Die Pilze in feine Scheiben schneiden.

Die Hälfte des Öls in einer großen Pfanne erhitzen, die frischen Pilz zugeben und auf mittlerer Stufe unter gelegentlichem Rühren 10–15 Minuten garen. Trockenpilzscheiben und Knoblauch zugeben und 2–3 Minuten weiterrühren.

Thymian, Salz und Pfeffer zugeben und die Pilzmischung aus der Pfanne nehmen und warm stellen.

Das restliche Öl in der Pfanne erhitzen, die Zwiebel zugeben und auf unterster Stufe unter gelegentlichem Rühren 10–12 Minuten weich dünsten. Den Reis vorsichtig einrühren und unter ständigem Rühren 1 Minute weitergaren. Den Wein zugießen und gründlich so lange verrühren, bis die gesamte Flüssigkeit aufgenommen ist.

Die Brühe in einem Topf erhitzen, aber nicht aufkochen lassen, dann suppenkellenweise zum Reis geben und unter ständigem Rühren garen, bis sämtliche Flüssigkeit aufgenommen ist, bevor die nächste Kelle folgt. Auf diese Weise über 15–20 Minuten die gesamte Brühe einrühren. Sehr kräftig rühren, damit kein Reis am Boden der Pfanne anhaftet. Das Risotto sollte eine cremige Konsistenz annehmen, dabei aber bissfest bleiben. Mit Salz und Pfeffer abschmecken.

Vom Herd nehmen und dann vorsichtig die Pilzmischung, Butter und die Hälfte des Parmesans unterheben.

Auf vorgewärmten Tellern mit Petersilie und dem restlichen Parmesan garnieren und sofort servieren.

Polenta mit Grillgemüse

Polenta con verdura mista alla griglia

Für 4 Personen

Polenta

1 l Wasser

1 TL Salz

250 g Instant-Maisgrieß (Polenta)

2 Knoblauchzehen, zerdrückt

½ TL getrockneter Oregano

2 EL frisch geriebener Parmesan

Salz und Pfeffer

2 EL Olivenöl

Grillgemüse

1 rote Paprika, geviertelt

1 gelbe Paprika, geviertelt

2 rote Zwiebeln, in dicke Ringe geschnitten

2 Zucchini, längs in 3–4 Stücke geschnitten

1 kleine Aubergine, schräg in 8 Stücke geschnitten

3 EL Olivenöl

1 Zitrone, halbiert

2 EL frisch gehackte Kräuter, z. B. glatte Petersilie, Rosmarin oder Thymian, zum Garnieren

Polenta kann in weicher Form als Maisbrei zu Fleisch und Fisch gereicht werden. Aber verbreiteter ist die festere Form, die wie hier gegrillt und in Stücke geschnitten mit Belag serviert wird.

Das Wasser in einem Topf zum Kochen bringen und das Salz zugeben. Den Instant-Maisgrieß unter ständigem Rühren einstreuen. Herunterschalten und entsprechend der Packungsanweisung ca. 1 Minute kochen. Knoblauch, Oregano und Parmesan einrühren und kräftig mit Salz und Pfeffer abschmecken.

Den Maisgrieß auf einen Bogen Backpapier geben. Gleichmäßig zu einem Kreis von 25 cm Ø verstreichen und ca. 1 Stunde abkühlen lassen.

Die Polenta in 8 Stücke schneiden und mit dem Öl einpinseln. Unter dem auf mittlerer Stufe vorheizten Backofengrill oder in einer Grillpfanne 1–2 Minuten von jeder Seite goldbraun backen.

Vom Herd nehmen und warm stellen.

Eine Grillpfanne vorheizen. Das gesamte Gemüse gründlich mit dem Öl einpinseln, portionsweise in die Pfanne geben und auf mittlerer Stufe 4–6 Minuten grillen, dabei gelegentlich wenden. Mit einem Schaumlöffel herausnehmen und auf einer vorgewärmten Servierplatte warm halten, bis das gesamte Gemüse gegart ist. Die Zitronenhälften über dem Gemüse ausdrücken und kräftig mit Salz und Pfeffer abschmecken.

Pro Person 2 Stücke Polenta mit dem Grillgemüse anrichten und mit den Kräutern bestreut servieren.

Tipp

Vor dem Servieren können Sie die Polenta noch einmal mit etwas nativem Olivenöl extra beträufeln.

Der zweite Gang

Die Toskana hat reichlich Fleischsorten zu bieten, darunter Wild, Kaninchen und auch Lamm. Schweinefleisch wird vor allem für Braten und Schinken verwendet. In den Küstenregionen sind zahlreiche Seefischsorten und Meeresfrüchte erhältlich, und im Inland gibt es exzellenten Süßwasserfisch.

Die Hühnerhaltung in Italien dient gleichermaßen der Ei- wie der Geflügelfleischproduktion. Das zarte Hähnchenfleisch wird zum Schutz gern portionsweise in Pancetta gewickelt.

Saisonale Gemüsesorten gehören auf jeden Fall auf den toskanischen Speiseplan; oft dienen Gemüsegerichte als Hauptmahlzeit.

Eintopf aus Meeresfrüchten

Cacciucco alla livornese

Für 6 Personen

4 Meerbarbenfilets

450 g Seeteufel

400 g Tintenfisch, gesäubert

3 EL Olivenöl

1 Zwiebel, fein gehackt

2 Knoblauchzehen, fein gehackt

2 Fenchelknollen, in dünne Scheiben geschnitten

150 ml trockener Weißwein

600 g Tomaten aus der Dose, zerteilt

500 g Miesmuscheln, abgebürstet und Bärte entfernt

700 ml Fischbrühe

18 rohe Riesengarnelen, ausgelöst und Darmfaden entfernt

Salz und Pfeffer

Zum Servieren

2 EL frisch gehackte glatte Petersilie

6 geröstete Weißbrotscheiben, mit Knoblauch eingerieben und mit Olivenöl beträufelt

Dieser Eintopf vereint üblicherweise mindestens fünf verschiedene Sorten Fisch und Meeresfrüchte. Wählen Sie frisch erhältliche Sorten dafür aus.

Die Meerbarbenfilets in Drittel schneiden. Den Seeteufel entgräten (die Gräten ggf. für die Fischbrühe verwenden) und in ähnlich große Stücke schneiden. Den Tintenfischmantel in dicke Ringe schneiden (die Tentakel ggf. für die Fischbrühe verwenden).

Das Öl in einem großen Topf erhitzen, Zwiebel, Knoblauch und Fenchelscheiben zugeben und auf mittlerer Stufe unter häufigem Rühren 4–5 Minuten dünsten. Den Wein zugießen, gut umrühren und einkochen lassen. Die Tomaten zugeben und alles zum Kochen bringen. Herunterschalten und ohne Deckel weitere 10–15 Minuten köcheln lassen, bis der Fenchel weich und die Sauce eingedickt ist.

Unterdessen die Brühe in einem anderen großen Topf zum Kochen bringen, die Miesmuscheln zugeben und auf höchster Stufe 3–4 Minuten köcheln lassen, bis die Muscheln sich geöffnet haben. Dabei den Topf gelegentlich rütteln. Muscheln, die sich nicht geöffnet haben, entfernen. Die Muscheln abgießen und den Sud aufbewahren. Die Hälfte der Muscheln aus den Schalen auslösen und dann alle Muscheln warm stellen.

Den aufbewahrten Muschelsud in die Tomatenmischung geben und alles zum Kochen bringen. Alle Fischsorten und Garnelen in den Topf geben und 2–3 Minuten gar kochen, bis die Garnelen sich röten. Alle Muscheln zugeben und alles gut erhitzen. Mit Salz und Pfeffer abschmecken.

Auf vorgewärmte Suppenschalen verteilen, dabei die Fischstücke und Muscheln gleichmäßig aufteilen. Mit Petersilie bestreuen und mit gerösteten Weißbrotscheiben servieren.

Fisch im Teigmantel

Fritto misto di mare

Für 4–6 Personen

18 rohe Riesengarnelen

250 g Tintenfisch, gesäubert

6 Meerbarbenfilets

helles Olivenöl, zum Frittieren

einige Zitronenspalten, zum Servieren

Teigmantel
175 g Mehl

Salz und Pfeffer

2 Eier

225 ml kaltes Wasser

In der Toskana werden im Teigmantel frittierte Bratfischteile oft als Vorspeise oder auch als Mittagssnack gereicht.

Für den Teig das Mehl in eine Rührschüssel sieben. Salz und Pfeffer nach Geschmack zugeben und in die Mitte eine Vertiefung drücken. Die Eier über der Vertiefung aufschlagen und das Wasser zugießen. Eier und Wasser vorsichtig mit dem Mehl zu einem glatten Teig verrühren.

Die Garnelen auslösen und den Darmfaden entfernen. Den Tintenfisch in Ringe (Tentakel in Stücke) schneiden und die Meerbarbenfilets würfeln.

Das Frittieröl in der Fritteuse oder in einem tiefen Topf auf 180–190 °C erhitzen (ein Brotwürfel bräunt darin in 30 Sekunden). Die Fischstücke in den Teig tauchen und überschüssigen Teig abwischen.

Die Stücke portionsweise ins heiße Öl geben und darin 2–3 Minuten goldbraun ausbacken. Mit einem Schaumlöffel herausnehmen, auf Backpapier abtropfen lassen und warm stellen, während der restliche Fisch gart.

Auf vorgewärmten Serviertellern anrichten, nach Geschmack salzen und mit Zitronenspalten servieren.

Florentiner Grillsteak

Bistecca alla fiorentina

Für 2 Personen

1 großes T-Bone-Steak, ca. 800 g

Salz und Pfeffer

natives Olivenöl extra, zum Servieren

gemischte Salatblätter, zum Servieren

Das toskanische Rindfleisch ist berühmt für seine zarte Qualität. Ein saftiges Steak wie dieses kann gut und gern ohne Beilagen genossen werden, aber ein einfacher gemischter Salat ergibt doch eine schöne Ergänzung.

Das Steak 30 Minuten vor Beginn der Zubereitung aus dem Kühlschrank nehmen, bis es Zimmertemperatur angenommen hat.

Den Holzkohlegrill vorheizen und nach Belieben einige Eichenspäne zur Grillkohle geben. Wenn die Kohlen gut durchglüht sind, das Steak 10 cm über der Kohlenhöhe auf den Grillrost legen. 3–4 Minuten grillen, dann wenden und von der anderen Seite ebenfalls 3–4 Minuten garen, bis das Fleisch nicht mehr blutig ist. Nach Geschmack etwas länger garen.

Das durchgegarte Steak auf ein Schneidebrett legen und nach Geschmack salzen und pfeffern. Das Filet vom Knochen schneiden und in 2 Portionen aufteilen. Mit Öl beträufeln und anschließend sofort auf vorgewärmten Tellern servieren. Dazu gemischten Salat reichen.

Tipp

Das Steak kann alternativ auch unter dem vorgeheizten Backofengrill oder auf dem Herd in einer Grillpfanne auf höchster Stufe zubereitet werden.

Toskanischer Schweinebraten

Lonza di maiale

Für 6 Personen

2 kg Schweinelende am Stück, ohne Knochen und mit eingeschnittener Schwarte

Salz und Pfeffer

3 Knoblauchzehen, zerdrückt

2 EL frisch gehackter Rosmarin

4 frische Rosmarinzweige, plus einige mehr zum Garnieren

250 ml trockener Weißwein

gegartes Gemüse der Saison, zum Servieren (nach Belieben)

In der Toskana ist es nicht unüblich, ganze Spanferkel in Holzfeueröfen zu rösten. Hier ein einfacheres Rezept, mit dem Sie einen delikaten Schweinebraten zu Hause zubereiten können. Lassen Sie sich die Schweinelende schon beim Einkauf am Stück und ohne Knochen und mit eingeschnittener Schwarte vorbereiten.

Den Backofen auf 225 °C vorheizen. Die Schweinelende mit der Haut nach unten auf eine Arbeitsfläche legen. Das Fleisch über die ganze Oberfläche verteilt mit kleinen Schnitten versehen. Kräftig mit Salz und Pfeffer würzen (die Toskaner mögen es sehr würzig). Dann das Fleisch mit Knoblauch einreiben und mit gehacktem Rosmarin bestreuen.

Den Braten mit Küchengarn umwickeln und 4 Rosmarinzweige außen befestigen. Die Schwarte mit reichlich Salz bestreuen.

Den Braten in einen Bräter geben und im vorgeheizten Ofen 20 Minuten backen, bis das Fett aus der Schwarte zu laufen beginnt. Den Backofen auf 180 °C herunterschalten und den Braten mit der Hälfte des Weins übergießen. 1 Stunde 40 Minuten weitergaren, dabei gelegentlich mit dem Fleischsaft aus dem Bräter übergießen.

Den Braten aus dem Ofen nehmen und vor dem Aufschneiden an einem warmen Ort 15 Minuten ruhen lassen. Das Küchengarn und die Rosmarinzweige entfernen und dann das Fleisch in dicke Scheiben schneiden. Das Fett bis auf 1 Teelöffel aus dem Bräter abgießen. Den restlichen Wein in den Bräter geben und zum Kochen bringen, dabei alle Reste vom Boden lösen. Alles über den Braten geben, mit den restlichen Rosmarinzweigen garnieren und nach Belieben mit Gemüsebeilage servieren.

Rindfleisch-Rotwein-Schmortopf

Stracotto di manzo

Für 6 Personen

- 3 EL Olivenöl
- 2 Zwiebeln, in feine Ringe geschnitten
- 2 Knoblauchzehen, gehackt
- 1 kg Steak, in dicke Streifen geschnitten
- 2 EL Mehl
- Salz und Pfeffer
- 300 ml Rotwein, z. B. Chianti
- 2 frische Salbeizweige
- 200 ml Rinder- oder Gemüsebrühe
- 1 EL Tomatenmark
- 1 EL frisch gehackte glatte Petersilie, zum Garnieren
- gegartes grünes Gemüse der Saison, zum Servieren (nach Belieben)

Weniger zarte Fleischstücke werden in der toskanischen Küche oft auf dem Herd geschmort. Aber hier wird das Fleisch einfach im Backofen gegart und braucht nicht halb so viel Aufmerksamkeit.

Den Backofen auf 150 °C vorheizen. 1 Esslöffel Öl in einer großen Pfanne erhitzen, Zwiebeln und Knoblauch hineingeben und auf mittlerer Stufe unter häufigem Rühren 6–8 Minuten anbräunen. Mit einem Schaumlöffel herausnehmen und in eine Auflaufform geben.

Das restliche Öl in eine Pfanne geben, die Steakstreifen zugeben und auf höchster Stufe unter Rühren 3–4 Minuten gut bräunen. Das Mehl einstreuen und gut umrühren, damit es nicht klumpt. Salzen und pfeffern, dann auf mittlere Stufe herunterschalten, den Wein zugießen und unter ständigem Rühren zum Kochen bringen.

Den Pfanneninhalt vorsichtig in die Auflaufform füllen. Salbei, Brühe und Tomatenmark hineingeben, abdecken und im Ofen auf mittlerer Schiene $2\frac{1}{2}$–3 Stunden garen.

Aus dem Ofen nehmen, Salbei entfernen und noch einmal mit Salz und Pfeffer abschmecken. Mit Petersilie bestreut und nach Belieben mit grüner Gemüsebeilage servieren.

Tipp

Mit diesem Rezept lässt sich auch gut ein Lammschmortopf zubereiten. Verwenden Sie dazu eine magere Lammkeule oder ein mageres Schulterstück.

Gegrillte Lammkeule

Agnello al rosmarino

Für 6–8 Personen

1 Lammkeule, ca. 2,5 kg

4 Knoblauchzehen, zerdrückt

2 EL frisch gehackter Rosmarin

abgeriebene Schale und Saft von 2 unbehandelten Zitronen

3 EL Olivenöl

Salz und Pfeffer

Zum Servieren

grüner Salat (nach Belieben)

gegarte neue Kartoffeln (nach Belieben)

Toskanische Frühlingslämmer werden ganz einfach zubereitet, da das Fleisch selbst einen so überzeugenden Geschmack entfaltet. Lassen Sie den Knochen bereits beim Kauf entfernen.

Überschüssiges Fett vom Lammfleisch entfernen und das Fleisch über die ganze Oberfläche verteilt mit kleinen Schnitten versehen. In eine Schüssel legen und gründlich mit Knoblauch Rosmarin und Zitronenschale einreiben. Mit Öl und Zitronensaft übergießen und kräftig mit Salz und Pfeffer würzen.

Abgedeckt für mindestens 4 Stunden im Kühlschrank oder besser an einem kühlen Ort im Haus marinieren. Ideal wirkt die Marinade über Nacht. Das Fleisch einige Male darin wenden.

Den Backofen- oder Holzkohlegrill gründlich vorheizen. Das Fleisch aus der Marinade nehmen und mit Küchenpapier trocken tupfen. Noch einmal salzen und pfeffern und dann unter oder auf den Grill legen. Von beiden Seiten je 2 Minuten versiegeln.

Auf mittlere Stufe herunterschalten oder den Grillrost auf dem Holzkohlegrill höher legen und dann weitere ca. 8 Minuten von jeder Seite bis zum gewünschten Garzustand grillen.

Das Fleisch vom Grill nehmen, mit Alufolie abdecken und 15 Minuten ruhen lassen, dann in lange Streifen schneiden. Nach Belieben mit grünem Salat und neuen Kartoffeln als Beilage servieren.

Gefüllte Hähnchenbrustfilets

Involtini di petti di pollo

Für 4 Personen

4 Hähnchenbrustfilets, je ca. 150 g

Salz und Pfeffer

4 dünne Scheiben italienischer luftgetrockneter Schinken

4 Scheiben Pecorino

4 gegarte Spargelspitzen, plus einige mehr zum Servieren

1 EL Mehl

50 g Butter

2 EL Olivenöl

150 ml trockener Weißwein

50 ml Hühnerbrühe

Hühner sind die in der Toskana mit Abstand beliebteste Geflügelsorte. Ihre Brustfilets garen schnell und unkompliziert. Hier werden sie mit Füllung und einer einfachen Weißweinsauce serviert.

Jedes Hähnchenbrustfilet zwischen 2 Schichten Frischhaltefolie oder in einem Gefrierbeutel mit einem Nudelholz auf ca. 8 mm Dicke rollen und klopfen.

Kräftig salzen, pfeffern und auf jedes Filet eine Scheibe Schinken legen. Jedes Filet mit einer Scheibe Käse und einer Spargelspitze belegen. Die Hähnchenbrustfilets umfalten und mit Küchengarn umwickeln. Mit dem Mehl bestäuben und kräftig salzen und pfeffern.

30 g Butter mit dem Öl auf mittlerer Stufe in einer großen Pfanne zerlassen. Die Hähnchenrollen hineingeben und unter häufigem Wenden 15 Minuten garen, bis das Fleisch zart und leicht gebräunt ist. Dann herausnehmen, das Küchengarn entfernen und die Hähnchenrollen in einer vorgewärmten Servierschale warm stellen.

Wein und Hühnerbrühe in die Pfanne geben und alles zum Kochen bringen, dabei alles Angesetzte vom Pfannenboden lösen. Zum Kochen bringen und die restliche Butter zugeben. Gut verrühren und köcheln lassen, bis die Sauce eindickt.

Die Sauce über die Hähnchenrollen geben und sofort mit den erwärmten zusätzlichen Spargelspitzen servieren.

Tipp

Anstatt des Weißweins eignet sich auch der toskanische Favorit Marsala, welcher der Sauce einen intensiveren Geschmack verleiht.

Kalbsschnitzel mit Marsala

Scaloppine al Marsala

Für 2 Personen

4 Kalbsschnitzel, je ca. 75 g
Salz und Pfeffer
1 EL Mehl
3 EL Olivenöl
150 ml Marsala
ein einfaches Risotto oder ein grüner Salat, zum Servieren

Kalbsschnitzel werden, wenn man sie beim Metzger kauft, aus dem Lendenstück geschnitten und leicht flach geklopft.

Jedes Kalbsschnitzel zwischen 2 Schichten Frischhaltefolie oder in einem Gefrierbeutel mit einem Nudelholz auf ca. 3 mm Dicke rollen und klopfen.

Kräftig mit Salz und Pfeffer würzen und mit dem Mehl bestäuben.

Das Öl in einer großen Pfanne erhitzen, die Kalbsschnitzel hineingeben und auf höchster Stufe von jeder Seite kurz anbräunen. Den Marsala zugeben und ca. 1 Minute köcheln lassen. Die Schnitzel mit dem Pfannensatz übergießen und sofort servieren. Dazu ein einfaches Risotto oder einen grünen Salat reichen.

Gefüllte Zucchini

Zucchini ripini

Für 4 Personen

- 4 Zucchini, je ca. 125 g (Kugelzucchini, falls erhältlich)
- 2 EL Olivenöl
- 1 Zwiebel, fein gehackt
- 2 Knoblauchzehen, fein gehackt
- 4 Scheiben Pancetta, gewürfelt
- 50 g Kirschtomaten, gewürfelt
- 2 EL Pinienkerne
- 4 EL gewürfeltes frisches Weißbrot
- 2 EL frisch gehackte Basilikumblätter
- 50 g frisch geriebener Pecorino
- Salz und Pfeffer
- 2 EL Olivenöl
- 2 EL frisch geriebener Parmesan

Gefülltes Gemüse wird traditionell als Beilage zu Fleisch oder Fisch oder auch als Teil der Antipasti serviert. Die Füllung kann ganz einfach aus Brotwürfeln und Kräutern bestehen – wenn eine gehaltvollere Mahlzeit gewünscht wird, eignet sich eine Hackfleischfüllung am besten.

Den Backofen auf 200 °C vorheizen. Von den runden Zucchini je einen Deckel abschneiden oder die gewöhnlichen Zucchini längs tief einschneiden. Die Früchte mit einem Löffel aushöhlen. Aber Achtung: dabei die Haut nicht durchstoßen (den Rand etwa 5 mm dick stehen lassen)! Das Fruchtfleisch fein hacken und in eine Schüssel geben.

Das Öl in einer großen Pfanne erhitzen, Zwiebel und Knoblauch zugeben und unter häufigem Rühren 3–4 Minuten auf mittlerer Stufe glasig dünsten. Die Pancetta zugeben und 2–3 Minuten goldbraun braten. Das Zucchini-Fruchtfleisch in die Pfanne geben und unter häufigem Rühren 3–4 Minuten garen, bis die Flüssigkeit eingekocht ist.

Tomaten, Pinienkerne, Brotwürfel, Basilikum und Pecorino zur Gemüsemischung geben, alles gut verrühren und mit Salz und Pfeffer abschmecken. Die Mischung in die ausgehöhlten Zucchini geben und mit dem Öl beträufeln.

Die Zucchini nebeneinander in eine flache Auflaufform oder einen Bräter setzen, mit Alufolie abdecken und im vorgeheizten Ofen 30–35 Minuten garen. Die Alufolie entfernen, die Zucchini mit Parmesan bestreuen und weitere 10–15 Minuten backen, bis der Käse leicht gebräunt ist. Warm servieren.

Variation

Statt der Zucchini 2 Auberginen (je ca. 250 g) verwenden und auf dieselbe Weise zubereiten.

Kartoffel-Fenchel-Auflauf

Patate e finocchio al forno

Für 6 Personen

1 kg Kartoffeln
2–3 Fenchelknollen
4 EL Olivenöl
Salz und Pfeffer
1 Zwiebel, fein gehackt
2 Knoblauchzehen, zerdrückt
4 frische Salbeiblätter
150 ml trockener Weißwein

Kartoffeln und Fenchel sind sehr beliebte Gerichte in der Toskana, und dieser Auflauf bringt beide Zutaten voll zur Geltung.

Den Backofen auf 200 °C vorheizen. Die Kartoffeln schälen und in dünne Scheiben schneiden. Den Fenchel putzen und in dünne Scheiben schneiden.

Eine große runde Auflaufform mit der Hälfte des Öls einfetten. Die Hälfte der Kartoffelscheiben auf dem Boden der Form verteilen und kräftig salzen und pfeffern. Die Hälfte der Zwiebel und des Knoblauchs darübergeben und mit den Fenchelscheiben bedecken. Restliche Zwiebel und Knoblauch darüberschichten und noch einmal salzen und pfeffern. Die Salbeiblätter in die Gemüsemischung drücken. Zuletzt eine letzte Schicht Kartoffelscheiben auf dem Auflauf verteilen und noch einmal mit Salz und Pfeffer bestreuen.

Mit dem Wein übergießen und das restliche Öl darüberträufeln. Den Auflauf mit Alufolie abdecken und im vorgeheizten Ofen 30 Minuten backen.

Die Alufolie abnehmen und weitere 20–30 Minuten backen, bis die Kartoffeln gebräunt sind.

Tipp

Eine Küchenmaschine mit einem Scheibenschneider kann bei den Kartoffeln helfen, aber ideal geraten die Kartoffelscheiben doch mit einem krummen, scharfen Küchenmesser.

Desserts

Zucker kam zum ersten Mal im Mittelalter zu uns nach Europa – und zwar über den Hafen von Venedig. Es überrascht also wenig, dass Süßes in Norditalien eine große Rolle spielt. Dort begann die lange Tradition der italienischen Konditoren, welche die Festmahle für toskanische Adelsfamilien ausrichteten.

Auch für Desserts ist die örtliche Ernte in toskanischen Küchen von großer Bedeutung. Zu Biscotti verarbeitete Mandeln begleiten den Süßwein Vin Santo, der sich auch hervorragend zum Einstippen des süßen Gebäcks eignet. Wer seine Mahlzeit mit einem wirklich üppigen Abschluss krönen will, kann kaum besser wählen als die sahnige Panna Cotta oder das cremige Tiramisu – außer vielleicht einen wahrhaft sündigen italienischen Schokoladenkuchen!

Gefüllte Pfirsiche mit Amaretto

Pesche ripiene

Für 4 Personen

50 g Butter
4 Pfirsiche
2 EL brauner Zucker
50 g Amaretti, zerdrückt
2 EL Amaretto
125 g Schlagsahne, zum Servieren

Richtig reife Pfirsiche ergeben schon einfach nur in Scheiben geschnitten und in Weißwein serviert ein perfektes Dessert. Aber unreifere Früchte finden mit diesem Rezept eine ideale Verwendung.

Den Backofen auf 180 °C vorheizen. Eine Auflaufform (20 cm Ø) oder ein Backblech, auf denen 8 Pfirsichhälften nebeneinander Platz finden, mit 15 g Butter einfetten. Die Pfirsiche halbieren und entsteinen. Die Pfirsichhälften nach Wunsch häuten; dafür 10–15 Sekunden in eine Schüssel kochendes Wasser tauchen und dann in kaltes Wasser legen. Die Haut der abgekühlten Früchte lässt sich leicht abziehen.

Restliche Butter und Zucker in einer Schüssel cremig schlagen, die Amarettikrümel zugeben und alles gut verrühren.

Die Pfirsichhälften mit der Schnittseite nach oben in die gefettete Form oder auf das Blech setzen und die Keksmischung in die Steinmulden füllen. Im vorgeheizten Ofen 20–25 Minuten überbacken. Den Amaretto darübergießen und heiß mit Schlagsahne servieren.

Tipp

Aprikosen können in ihrer Saison auf fast dieselbe Weise zubereitet werden. Im vorgeheizten Ofen 10–15 Minuten überbacken.

Birne in Marsalasauce

Pere con Marsala

Für 4 Personen

4 feste Dessertbirnen
50 g feiner Zucker
2 Zimtstangen
125 ml Marsala
125 g Crème fraîche, zum Servieren

Birnen sind eine der beliebtesten Obstsorten in Norditalien. Häufig serviert man sie mit Walnüssen und Käse als Teil einer Beilage. Hier werden sie als Nachspeise in Marsala pochiert.

Die Birnen vorsichtig häuten. Den Unterteil jeder Birne abschneiden und entfernen, dann das Kerngehäuse mit einem spitzen Messer von unten herausschneiden.

Die vorbereiteten Birnen in einen Topf geben und knapp mit Wasser bedecken. Zucker und Zimtstangen hineingeben. Auf mittlerer Stufe unter ständigem Rühren zum Köcheln bringen, bis sich der Zucker aufgelöst hat.

Die Birnen abdecken und je nach Festigkeit der Früchte 20–40 Minuten im Topf köcheln lassen, bis die Birnen völlig weich gegart sind.

Vom Herd nehmen. Die Birnen mit einem Schaumlöffel herausheben und auf eine Servierplatte setzen. Die Zimtstangen entfernen, den Topf wieder auf den Herstellen und die Flüssigkeit 2–3 Minuten einkochen. Den Marsala einrühren und über die Birnen gießen.

Warm servieren oder bis zum Servieren mit Crème fraîche abgedeckt in den Kühlschrank stellen.

Italienischer Schokoladenkuchen

Torta al cioccolato

Für 6–8 Personen

300 g Bitterschokolade mit mindestens 70% Kakaoanteil, zerkleinert

150 g Butter, plus etwas mehr zum Einfetten

4 Eier, getrennt

50 g feiner Zucker

30 g Mehl

5 Tropfen Vanillearoma

Kakaopulver, zum Bestäuben

Ein verführerisch leckerer, dunkler Schokoladenkuchen, der sich hervorragend als Nachtisch eignet – er schmeckt nach Schokoladenfondant mit samtweicher Mitte!

Den Backofen auf 180 °C vorheizen.

Eine Springform (20 cm Ø) mit Backpapier auslegen und den Rand einfetten.

Schokolade und Butter in eine ofenfeste Schüssel geben und den Inhalt über einem Topf mit siedendem Wasser rühren, bis alles geschmolzen ist. Die Schüssel beiseitestellen und 5 Minuten abkühlen lassen.

Eigelb und Zucker in einer Rührschüssel mit dem elektrischen Handrührgerät oder dem Schneebesen cremig schlagen. In einer anderen Rührschüssel das Eiweiß zu dickem, glänzendem Schnee schlagen.

Die Eigelbmischung unter die geschmolzene Schokolade ziehen. Das Mehl hineinsieben und mit dem Vanillearoma unterrühren. Den Eischnee vorsichtig unterziehen.

Die Masse in die Springform geben und im vorgeheizten Ofen 15–20 Minuten backen, nicht länger. Die Oberseite des Kuchens sollte fest, aber das Innere noch leicht klebrig sein. Aus dem Ofen nehmen und abgedeckt über Nacht abkühlen lassen.

Den Rand der Springform abnehmen und das Backpapier vom Boden entfernen. Den Kuchen mit Kakaopulver bestäuben und servieren.

Mandelgebäck

Cantuccini

Ergibt 20–30 Stück

250 g Mandeln, abgezogen

200 g Mehl, plus 1 EL zum Bestäuben

175 g feiner Zucker, plus 1 EL zum Bestreuen

1 TL Backpulver

1/2 TL Zimt

2 Eier

10 Tropfen Vanillearoma

Diese Mandelkekse („Cantuccini") sind ein typisch italienisches Ostergebäck. Üblicherweise genießt man dazu den klassischen Süßwein Vinsanto.

Den Backofen auf 180 °C vorheizen. 2 Backbleche mit Backpapier auslegen.

Die Mandeln grob hacken, einige ganze Mandeln übrig lassen. Mehl, Zucker, Backpulver und Zimt in einer Rührschüssel vermengen. Alle Mandeln einrühren.

Eier und Vanillearoma in einer kleinen Schüssel verquirlen, dann zur Mehlmischung geben und alles zu einem festen Teig verkneten.

Den Teig auf eine leicht bemehlte Arbeitsfläche geben und leicht mit den Händen verkneten. Die Teigkugel halbieren und jede Hälfte zu einer ca. 5 cm dicken Rolle formen. Jede Rolle auf ein vorbereitetes Backblech legen, mit Zucker bestreuen und im vorgeheizten Ofen 20–25 Minuten backen, bis die Rollen gebräunt sind.

Die Rollen aus dem Ofen nehmen und ein paar Minuten abkühlen lassen, dann auf einem Schneidebrett in 1-cm-Scheiben schneiden. Den Backofen auf 150 °C herunterschalten und die Biscotti nebeneinander auf die Backbleche legen. Im Ofen 15–20 Minuten zu Ende backen. Aus dem Ofen nehmen und auf einem Kuchengitter abkühlen lassen. Die Biscotti luftdicht verschlossen aufbewahren.

Panna Cotta mit Pistazien

Panna cotta al pistacchio

Für 6 Personen

Pflanzenöl, zum Einfetten
600 g Crème double
5 Tropfen Vanillearoma
4 EL feiner Zucker
2 Blatt Gelatine
50 g Pistazien
frische Himbeeren oder halbierte Erdbeeren, zum Servieren

Die gegarte Crème double macht dieses Dessert so besonders reichhaltig. Die Zugabe von gehackten Pistazien verleiht dem Dessert eine extrafeine Note und bringt Farbe auf den (Nach-)Tisch.

6 Ramequin-Formen (je 125 ml) einfetten. Die Crème double in einen Topf gießen, Vanillearoma und Zucker zugeben und alles gut verrühren. Auf mittlerer Stufe langsam fast zum Kochen bringen und 2–3 Minuten sieden lassen. Vom Herd nehmen und beiseitestellen.

Die Gelatine 5 Minuten in einer Schüssel mit kaltem Wasser einweichen. Herausnehmen und in die heiße Crème-double-Mischung einrühren, bis sich alle Gelatine aufgelöst hat.

Die Pistazien in der Küchenmaschine fein mahlen oder mit dem Messer fein hacken. Einige Pistazienkrümel als Garnierung übrig behalten, den Rest in die Crème-double-Mischung geben. 15 Minuten ruhen lassen, dann alles durch ein Sieb in eine Schüssel streichen.

Auf die Ramequin-Formen verteilen, abdecken und für mindestens 3 Stunden oder über Nacht kalt stellen und fest werden lassen.

Zum Servieren die Formen 2 Sekunden in heißes Wasser tauchen und auf Dessertteller stürzen. Mit einigen Himbeeren oder Erdbeerhälften und den restlichen Pistazien garniert servieren.

Weißes Tiramisu mit Erdbeeren

Tiramisù bianco con fragole

Für 6 Personen

2 Eier, getrennt
80 g Puderzucker, gesiebt
350 g Mascarpone
6 EL Vollmilch
125 ml Marsala
20 Löffelbiskuits

Zum Garnieren
50 g Mandeln, gehackt
50 g weiße Blockschokolade, grob gerieben
frische halbierte Erdbeeren

„Tiramisù" bedeutet wörtlich „Zieh mich hoch" – und eine Aufmunterung erfährt auch, wer das ausgesprochen reichhaltige Dessert aus Mascarpone, Eiern und Marsala-Biskuit genießt. In dieser weißen Alternative wird auf den Kaffee verzichtet.

Eigelb und Zucker in einer Rührschüssel mit dem elektrischen Handrührgerät oder dem Schneebesen cremig schlagen. Den Mascarpone zugeben und mit der Eigelbmischung verrühren.

In einer anderen Rührschüssel das Eiweiß zu dickem, glänzendem Schnee schlagen und anschließend unter die Mascarponecreme ziehen.

Die Vollmilch in eine flache Schüssel geben und den Marsala zugießen. Die Löffelbiskuits kurz in die Marsalamilch tauchen und die Hälfte davon auf dem Boden einer Auflaufform (25 cm, möglichst aus Jenaer Glas) verteilen. Mit der Hälfte der gehackten Mandeln bestreuen.

Ein Drittel der Mascarponecreme daraufgeben und die restlichen Biskuits und Mandeln darüber verteilen. Ganz oben die Mascarponecreme verstreichen. Mit Frischhaltefolie abgedeckt für 2–3 Stunden in den Kühlschrank stellen.

Zum Servieren aus dem Kühlschrank nehmen und mit weißer Schokolade sowie Erdbeerhälften garnieren.

Tipp

Noch hübscher anzuschauen wird es, wenn die Schokolade mit einem Sparschäler vom Block gehobelt und als weiße Schokospäne auf dem Tiramisu verteilt wird.

Schokoladen-Nuss-Kuchen aus Siena

Panforte di Siena

Ergibt 1 Kuchen

- 175 g flüssiger Honig
- 150 g Zucker
- 125 g Zitronat, fein gehackt
- 125 g Orangeat, fein gehackt
- 100 g gemahlene Mandeln
- 100 g Mandeln, abgezogen und grob gehackt
- 100 g ganze Haselnüsse, grob gehackt
- 50 g Mehl
- 2 EL Kakaopulver
- 1 TL gemahlener Zimt
- 1/2 TL gemahlene Nelken
- 1/2 TL geriebene Muskatnuss
- Puderzucker, zum Bestäuben

Panforte ist in ganz Italien berühmt, stammt aber ursprünglich aus Siena. Wenn das Rezept auch variiert, Nüsse und Orangeat sind doch immer dabei. Mit Schokoladenanteil serviert man den Kuchen vor allem zur Weihnachtszeit.

Den Backofen auf 160 °C vorheizen. Eine Springform (20 cm Ø) mit Backpapier auslegen und den Rand einfetten.

Honig und Zucker in einem kleinen Topf auf kleinster Stufe verrühren, bis sich der Zucker aufgelöst hat.

Zitronat und Orangeat in eine große Rührschüssel geben und Mandeln und Nüsse zugeben. Mehl und Kakaopulver in die Rührschüssel sieben und alle Gewürze zugeben. Alles gut verrühren. Die Honigmischung über die trockenen Zutaten verteilen und alles gut verrühren.

Die Mischung in die vorbereitete Springform geben und von oben andrücken. Im vorgeheizten Ofen 30–40 Minuten backen, bis der Kuchen fest ist.

Aus dem Ofen nehmen und in der Form ganz abkühlen lassen.

Kräftig mit Puderzucker bestäuben und servieren. Luftdicht verschlossen oder in Frischhalte- und Alufolie gewickelt hält sich der Kuchen 2–3 Monate.

Aprikoseneis

Gelato di albicocche

Für 6 Personen

500 g reife Aprikosen
300 ml Schlagsahne
175 g feiner Zucker
200 ml Vollmilch
2 Tropfen Vanillearoma

Die im Handumdrehen zubereitete Eiscreme ist eine unübertroffen feine Leckerei an heißen Tagen. Die verwendeten Aprikosen sollten sehr reif sein.

Die Aprikosen halbieren und entsteinen. In der Küchenmaschine oder im Mixer zu einem glatten, dickflüssigen Püree verarbeiten.

Schlagsahne und Zucker in einer Rührschüssel mit dem elektrischen Handrührgerät oder dem Schneebesen cremig schlagen, bis sich der Zucker ganz aufgelöst hat. Aprikosenpüree, Milch und Vanillearoma mit dem Schneebesen unterziehen. Die Masse in eine gefrierfeste, verschließbare Vorratsdose geben und fest verschlossen für 1 Stunde im Gefrierschrank tiefkühlen.

Aus dem Gefrierschrank nehmen und mit dem elektrischen Handrührgerät oder dem Schneebesen gründlich verrühren. Wieder verschließen und 1 weitere Stunde tiefkühlen. Den Wechsel von Rühren und Tiefkühlen so lange wiederholen, bis die Eiscreme schließlich fast zu einem festen Block gefroren ist. Dann noch ein letztes Mal durchrühren und bis zur Verwendung in den Gefrierschrank stellen.

Das Eis etwa 15 Minuten vor dem Servieren in den Kühlschrank stellen, damit es nicht gefrierschrankhart auf den Tisch kommt.

Himbeer-Granita

Granita di lamponi

Für 6 Personen

1 unbehandelte Zitrone
1 kg Himbeeren
250 g feiner Zucker
150 ml Vin Santo

Granita ist ein Wassereis aus großen, gefrorenen Fruchtkristallen, die köstlich knusprig im Mund zergehen. Granita ist zu Hause unproblematischer in der Herstellung als Sorbet.

Die Zitronenschale in eine große Schüssel reiben. Die Zitrone halbieren und den Saft über der Schüssel ausdrücken.

Die Hälfte der Himbeeren mit der Hälfte des Zuckers in der Küchenmaschine auf Impulsstufe pürieren. Das Püree in die Schüssel zur Zitrone geben und alles verrühren. Den Vorgang mit den restlichen Himbeeren und Zucker wiederholen. Den Vin Santo zugießen und alles gründlich verrühren.

Die Mischung am besten in einen Eiskasten aus Metall gießen, dann gefriert sie schneller. Sonst in eine gefrierfeste, verschließbare Vorratsdose geben und fest verschlossen für 30 Minuten im Gefrierschrank tiefkühlen.

Aus dem Gefrierschrank nehmen und die ganze Masse mit einer Gabel durchrühren, dabei auch die Rest vom Rand kratzen. Wieder verschließen und weitere 30 Minuten tiefkühlen.

Den Wechsel von Rühren und Tiefkühlen alle 30 Minuten wiederholen, bis das Wassereis sehr fest gefroren ist. Dann sofort in vorgekühlte Dessertgläser füllen.

Granita verliert beim Auftauen sehr rasch an Form, daher ist ein schnelles Vorgehen empfehlenswert. Das Dessert sollte am Tag der Zubereitung serviert werden, hält sich zur Not aber auch 2–3 Tage im Gefrierschrank.

Fettgebackene Mürbeteigschleifen

Cenci

Für 8 Personen

300 g Mehl, plus etwas mehr zum Bestäuben

2 Eier, verquirlt

2 EL helles Olivenöl

2 EL feiner Zucker

2 EL Vin Santo

abgeriebene Schale von 1 unbehandelten Zitrone

4 Orangen

helles Olivenöl oder Sonnenblumenöl, zum Frittieren

Puderzucker, zum Bestäuben

Diese knusprigen Gebäckteilchen aus frittiertem Mürbeteig sind in ihrer Schleifenform besonders appetitlich anzusehen. Idealerweise werden sie ganz frisch und heiß zu gekühlten Orangenspalten serviert.

Das Mehl in eine große Rührschüssel sieben und in die Mitte eine Vertiefung drücken. Eier, 2 Esslöffel Olivenöl, Zucker, Vin Santo und Zitronenschale vermengen und in die Vertiefung gießen. Mit einer Messerklinge schrittweise die Flüssigkeit mit dem Mehl vermischen. Dann mit den Händen zu einem glatten Teig verkneten. Zu einer Kugel rollen, in Frischhaltefolie wickeln und für 1 Stunde in den Kühlschrank stellen.

Unterdessen die Orangen über einer Schüssel (zum Auffangen des Saftes) mit einem scharfen Obstmesser schälen und filetieren. Die Orangensegmente in den Saft legen und bis zur weiteren Verwendung kalt stellen.

Den Teig halbieren und eine Hälfte auf einer leicht bemehlten Arbeitsfläche zu einem 3 mm dicken Rechteck ausrollen. Abdecken und den Vorgang mit der anderen Hälfte wiederholen. Den Teig mit einem Teigrad in Streifen von 2,5 cm x 0,5 cm schneiden. Jeden Streifen durch einen Knoten zur Schleife legen – oder den Teig einfacher in flache Rauten schneiden.

Das Frittieröl in der Fritteuse oder in einem tiefen Topf auf 180–190 °C erhitzen (ein Brotwürfel bräunt darin in 30 Sekunden). Die Mürbeteigschleifen portionsweise hineingeben und goldbraun ausbacken. Mit einem Schaumlöffel herausnehmen, auf Küchenpapier abtropfen lassen und warm stellen, bis alle Gebäckschleifen frittiert sind.

Mit Puderzucker bestäuben und heiß zu den gekühlten Orangenspalten servieren.

Register